어머니의 강

두레연 설립 열 둘 기념시집

어머니의 강

초판 인쇄	2024년 05월 27일
초판 발행	2024년 05월 30일
지은이	전 병 덕
발행처	다담출판기획 TEL : 02)701-0680
	서울시 영등포구 영신로30길 14, 2층
편집인	박 종 규
등록일	2021년 9월 17일
등록번호	제2021-000156호
ISBN	979-11-93838-02-0 03800
값	15,000원

본 책은 지은이의 지적재산이므로 무단전재와 복제를 금합니다.

두레연 설립 열 돌 기념시집

어매니의 강

전 병 덕 두 번째 시집

머리말

이 향기는 무엇이었을까?
아, 바람이었구나!
우리는 존재의 가치를 모른다.

우리는 그 가치를 지난 후에 깨닫게 됩니다. 현실 속에서 향기가 무엇인지도 모르고 살 때가 많습니다. 지난 후에 그 향기도 하나의 바람이 되어 흐트러질 뿐임을 알게 됩니다. 나 존재도 너무 복잡하게 생각할 때는 가슴이 답답하고 아팠습니다.

그러나, 나 또한 존재의 가치를 알고 난 후부터 한낮의 바람 한 조각임을 즉, 자연의 한 조각임을 알고 나니 마음의 여유를 찾고 그 여유를 들여다보는 영혼의 눈이 튀기 시작했습니다. 나는 그 후부터 시를 쓸 수 있었습니다. 어릴 적부터 아버지의 외도로 부유하지 못한 환경에서 올곧은 어머님 밑에서 지독하게 고생하면서 자랐습니다. 그래서 6남매 다섯째로 관심을 받을 수 없는 가족관계에서 성장하는 동안 나는 유년 시절부터 나를 내가 보호하는 자생력이 생긴 것 같습니다. 복잡한 가족은 늘 힘들게 살았던 것 같습니다. 그때부터 나는 늘 외로움을 느낀 것 같습니다. 그래서 어린 나는 자연과 친해지는 것을 배웠으며, 작은 풀꽃과도 이슬방울, 바람 소리, 물소리와 병아리들과도 대화하면서 친구삼기를 좋아했던 것입니다.

그런 것들이 나의 마음속에 웅크리고 있다는 것도 모르고 청년기를 보낼 때 늘 마음이 아프고 슬프고 답답했습니다. 서러울 일도 없는데도 서러워 울기도 했습니다. 중년의 세월도 그렇게 지내 오다 자리 잡았던 사업도 망가지고 나는 몸도 마음도 병이 드는 시기가 있었습니다. 그런 시절을 지날 때쯤, 나는 우연히 내 영혼의 춤판을 벌일 수 있는 특별한계기가 찾아온 것입니다. 시인대학을 수료하게 된 것입니다. 그렇게 쌓이고 쌓인 억겁의 한들을 시로 써 내려간 것이 지금 생각하면 특별한 축복과도 같은 순간이었습니다.

시를 쓰고 나니 영혼이 깔끔해지고 가슴이 멍울들을 토하고 춤판을 벌이고 났더니 지금은 거뜬해졌습니다.

어려움을 어렵게 풀어 가려고 할 때 안 풀리던 것들이 시집 한 권의 힘으로 모든 것들을 풀어내고 시니어로 늙어가는 멋진 시니어로 거듭나게 저를 시인의 길로 인도 해주신 모든 분께 진심으로 감사를 드립니다.

2024년 여름에 들어서며
전 병 덕

차 례

머리말/ 4

제1부 내 영혼의 춤판/ 13

벼랑에 핀 꽃/ 15
내 영혼의 춤판/ 16
너랑 먹고 싶다/ 18
물왕리의 봄/ 20
다시 쓰는 편지/ 22
봄이 오는 풍경/ 23
어제 내린 비/ 24
봄볕의 사랑/ 26
그리움/ 28
오월의 밤/ 30
봄을 그리며/ 32
아름다운 오월/ 34
보릿고개/ 36
4월의 봄날/ 38

제2부 내 인생의 봄/ 41

봄을 보았다/ 42
애기똥풀꽃/ 44
입춘 바람/ 46
봄봄봄/ 47
오월의 햇살/ 48
오월에 내린 비/ 50
목련꽃 실눈을 뜨다/ 52
꽃이 피는 봄이 오면/ 54
春雪/ 56
봄날의 그리움/ 58
봄은 아프다/ 60
찔레꽃 향기/ 62
내 인생의 봄/ 64
바람의 길/ 66
봄날의 이별/ 68

제3부 연꽃 따는 남자/ 71

연꽃밭에 부는 바람/ 73
연꽃이 필 때/ 74
여름밤 원두막/ 76
연꽃 따는 남자/ 78
고향 집 모란이 피던 날/ 80
살구가 익는 날/ 82
여름날/ 83
세월/ 84
제비/ 86
차의 향기/ 87
단비/ 88
바람 부는 그곳/ 90

제4부 **아침에 뜨는 달**/ 91

가을비/ 93
아침에 뜨는 달/ 94
가을바람/ 96
그리운 아침/ 97
청국장/ 98
단풍놀이/ 100
초가을 바람/ 102
초가을/ 104
가을이 오는 길/ 105
그 산에 가다/ 106
가을 문턱/ 108
만추/ 109
시월의 마지막 밤/ 110
단풍놀이(2)/ 112

제5부 첫눈 내리던 날/ 115

새날을 맞을 준비/ 117
동백섬/ 118
첫눈 내리던 날/ 120
눈 내리는 날/ 122
겨울 벚꽃/ 124
강물은 흐른다/ 126
칼바람/ 128
청룡의 새해 아침/ 129
겨울 방안 풍경/ 130
겨울 그림자/ 132
겨울에 내리는 비/ 134
군불/ 136
한 해를 보내며/ 138
하얀 그리움의 발자국/ 140
장 담그는 날/ 142
각자도생/ 144

제6부 어머니의 밥상/ 147

평범한 것/ 149
살다 보면/ 150
어머니의 밥상/ 152
님이 오시는 길/ 154
밤바다/ 155
장독/ 156
歸天하는 날/ 158
미소/ 160
詩를 쓴다는 것/ 161
하루하루/ 162
인생/ 164
카카오톡 모닝/ 166
모두에게 사랑받을 필요는 없다/ 167
어머니의 강/ 168
저녁노을/ 172

에필로그/ 174

제1부 내 영혼의 춤판/ 13

벼랑에 핀 꽃/ 15
내 영혼의 춤판/ 16
너랑 먹고 싶다/ 18
물왕리의 봄/ 20
다시 쓰는 편지/ 22
봄이 오는 풍경/ 23
어제 내린 비/ 24
봄볕의 사랑/ 26
그리움/ 28
오월의 밤/ 30
봄을 그리며/ 32
아름다운 오월/ 34
보릿고개/ 36
4월의 봄날/ 38

벼랑에 핀 꽃

꽃이 너무 예뻐서
내가 품었다

그 누구도 눈길을
주지 않았지만
나는 너를 보자마자 반했다

그래서 내가
품을 수밖에 없었다

오늘은 너를 품은 것만으로
돌아오는 길이
너무 행복하다

내 영혼의 춤판

꽃이 피었습니다
산에도 들에도
내 영혼 깊숙한 곳까지도

나는 꽃들에 홀렸습니다
그래서 꽃들이 예쁩니다

가슴 깊숙한 곳에서 관능적으로
향기를 끌어올려 봅니다

내 안에 나비도 춤을 추고 있습니다
축제처럼 꽃이 피었습니다

천둥 번개가 요란하게
축제를 심술부릴 때 심란해서
잠도 못 이루는 밤도 있었습니다

아침에 바라본 나의 정원은 평화로웠고
붉은 장미는 더욱 생기를 찾아
탐욕스럽게 피었습니다

오늘도 당신과 고독한
춤판을 벌여 볼 참입니다
저만의 안무로 독무를 춥니다

절절하게 외로울 때는
꽃들과 눈물을 흘리고
들꽃 한 다발 꺾어다
볼품없는 항아리에 푹 꽂아 놓고
내 안에 춤판을 벌여봅니다

너랑 먹고 싶다

새들의 발자국 소리가
들리는 오월의 고요한
늦은 봄날

구름은 하늘을 낮게 드리운다
그림자도 거울 속으로 숨어버린
봄비가 내리는 밤이다

산천의 초록들이 후줄근하게
비를 맞고 싱그러워 보이는
오월은 빗소리마저 싱그럽다

못자리에서 맹꽁이가 개구리랑
맺지 못할 사랑을 하는지
시끄럽게 울어댄다

봄에 뿌려 둔 텃밭의 상추도
솎아 먹어도 될 만큼 한 뼘은 자랐다

어머님의 장독대 항아리에서
존재의 순간을 기다리던
된장 한 보시기 폭 떠놓고

이팝나무에 뜸들은 하얀 쌀밥
한양 푼 퍼 놓고
너랑 쌈 싸 먹고 싶었다

눈을 흘길 만큼 맛이 있어
서로 웃다가 울다가
상추쌈을 한 바구니
다 치우고 말았다

그렇게 행복하게 오월의 봄을
마지막으로 쌈 싸 먹던 날

오월의 단비도
농부의 마음을 아는지
밤새 노래를 부른다

물왕리의 봄

엄동설한 속에도
세월은 여지없이
나를 갉아먹는다

엊그제까지도 쩌렁 쩌렁대던 칼바람이
모든 세월을 얼어 붙게 하고
세상을 얼려 죽음 속으로
가두어 버렸다

물왕리 저수지도 꽝꽝 얼어붙어
숨조차 쉴 수가 없다

그렇게 엄동설한 속에도
봄은 오고 있었나 보다

내가 걸치고 있던 억겹의 삶도
한 겹씩 벗어내도
춥다는 느낌이 없다

정지되었던 저수지
물밑에서 꾸물거림이
들리는 듯하다

얼음이 깨지는 소리가
여기저기서 쩡쩡거리며
소리를 낸다

물왕리 저수지에도
봄은 오고 있다

다시 쓰는 편지

숨겨둔 비밀을 들켰는지
햇볕이 이리저리 가슴을 치고
뛰어다니며 온 동네를
휘저어놓고
얼굴이 벌게져 있습니다

그늘진 골목도 이제는
잠에서 깨어나 하품합니다

할 일 없는 노인 할멈의 푸념 소리도
깊은 사연을 토하듯이 내뱉는 걸 보니
또 다른 세상이 열리고 있는 것이 분명합니다

엄동설한에 어머니께 부친
주소 없는 편지가 수취인 부재중으로
다시 돌아온 날 그렇게 봄은
오고야 말았습니다

꽃 피는 봄에 또다시 편지를
다시 써야 할 것 같습니다

봄이 오는 풍경

할 말이 많은 봄이
이리저리 뛰어다닙니다

그럴 때면
기억 속에 웅크리던 케케묵은
연애 시절도 수십 리 길을
달려오는 듯 가끔은 사무치도록
그리워서 온종일 숨이 가빴던
순간입니다

애벌레들의 기지개 켜는 소리가
가물가물 들립니다

그렇게 봄은 다시 오고 있습니다
잠시 후면 봄들이 들끓어
아주 시끄러운 세상이 될 것 같습니다

남녘에서는 꽃소식도 뛰어옵니다
봄날이 다시 또 오면
나 당신에게로 돌아가겠습니다

어제 내린 비

꽃비인지 단비인지
사나흘 소리 없이
흐느낀 것 같다

네가 다칠까 조용히 조용히
소리 없는 흐느낌으로 비는 내렸다

그리 곱고 순박하던 그대는
팝콘인지 벚꽃인지
희고 곱던 목련도
너무 좋아하더니

꽃비를 따라 모두
연못에 익사하는
봄의 장례를 치른다

상주들은 아직도 자리를 지키고
바람이 솔솔 부는 방향으로
꽃잎을 한 잎씩 날리는 것이
마치 봄 하늘의 행복한 눈물 같다

그렇게 그리워하다
해를 줄까
비를 줄까
묻지도 않았는데
대답도 하기 전에

하늘에 그 분은 해보다
비를 주신 것 같다

며칠 만에 봄의
속살을 훤히 보이듯
햇살이 참 맑은 것이
봄을 제대로 느끼게 한다

봄볕의 사랑

봄볕이 부끄러운지
입술만 내밀고 있던
꽃망울들이 이제는
용기를 내어 배시시 웃는다

낮달이 봄볕을
한올 한올 뽑아
수줍어하는 초록을
포박하는지 자지러지는
소리가 들린다

엊그제 봄을 실은 봄비가
흠뻑 내렸으니 茶보따리 싣고서
사랑하는 그대와 들茶 놀이
떠나야겠다

그렇게 봄날에
연애를 즐길 생각을 하니
눈물 나게 행복해진다

그렇게 화려했지만
아프기도 했던 봄꽃 들은
봄비에 모두 익사해 버리고

골목마다 먼 산 초록들의
행진곡이 아침부터 시끄러운
사월도 푹신 곰삭는 시절

꽃들도 시절 없이 반란을 일으키는지
오월에 피던 라일락도 모두 피고 졌다

세상이 하 수상하니
절기도 잃어버리고 피는 것 같다

그리움

이미 강가에는 하얀 토끼풀
꽃들이 눈이 밝아질 만큼 피었다

내 안에 그리움은 아직도
촉을 틔울 기색조차 없다

강가에
종이배 한 척을 띄운다

종이배에 묻어둔 그리움을
승선시키고 배를 항해한다

뱃머리에서
소리 없이 흐느끼는
그리움을 향해
나는 하염없이
손을 흔들어 맹세한다

다시는
그리워하지 말라고

오월의 밤

나를 따라 쫓아온
햇살들이 옥상 빨랫줄에
오랫동안 걸터앉아 있다

그만큼 낮이 길어졌다
어둠을 드리우는 낮달도
빛의 잔해를 밀어내며

어둠의 두께를 드리우는 밤이다
나는 오월의 밤에 밝은 불을 켠다

어둠 속에서 이파리들이
감추었던 꽃 수술을
피워내다 화들짝 놀라고 만다

오월의 진한 향기들을
사정없이 뿜어내는 오월의 밤

한낮의 햇살로 초록들은
양분을 만들어 어슴푸레한 달밤에
뿌리에 내린 고요를
깨워서 기둥을 만드는 사이

외진 곳에 있는 외로움 들은
슬그머니 색을 껴입는 의식으로
오월의 밤은 분주하다

오월과 함께 신나는
웃음을 피워볼 참이다

봄을 그리며

내가 나이 먹기 싫어
머뭇거릴 때 너를 피해
아직도 나는 겨울 산을 탄다

잔설은 무엇이 그리도 아쉬워
떠나지 못하고 웅크리고 있다

작은 개울은 얼음장 밑으로
수정 방울을 만들며 흐른다

생강나무는 실눈을 뜨고
햇살이 시려 운 듯 눈을 떴다 감는다

햇빛 날개를 덮고 잠을 자던
버들강아지도 누군가 들여다본다
수줍어 잠에서 깨어나 눈을 비빈다

너는 내가 제대로 부를 때면
제법 물이 오른 한 가쟁이 꺾어서
버들피리 만들어 불어도 되겠지

그렇게 봄은 내 어깨에
햇빛으로 내려앉아
나의 겨드랑이를 간 질러 주겠지

벌써 양지바른 계곡 주변은
초록들이 온종일 재잘거리며
봄소식을 전하느라 분주하다

아름다운 오월

사월의 역사는 묻혀버렸다
오월이 열리는 새날이 왔다

수많은 사연을 기억하고
아름답던 사월은 떠났다

온 세상 피고 지던 꽃들을
모두 정리할 겨를도 없이
미련도 없이 후딱 떠나 버렸다

다행히 이팝나무에 꽃을 소복이
얹혀 두고 봄은 청춘을 묻어두고 갔다

아쉽지만 초록들이 그사이
꽉 채워져서 좋다

곧 대추나무 감나무꽃들이
소리 없이 피고 질 때 꾀꼬리가
넘나드는 오월은 설레는 달이다

오월은 꿈과 희망이
현실과 교차하는 사랑이 넘치는
행복한 오월이다

하늘은 더 푸르고
땅은 더 기름진 오월에
한없이 사랑하자

누군가 파랑새 노래를
들려주는 오월을 기대해본다

보릿고개

나 어릴 적에
보릿고개가 있었다
봄이면 넘어야 했던 그 고개

울 엄니는 그래도
우리를 잘도 이끌고 힘겹게 넘으셨다
지천에 산나물 들나물은
우리 양식처럼 배부르게 먹고 자랐다

그래서 그런지
나는 이맘때만 되면
꽁보리밥 집을 찾아서
갖가지 나물에 강된장 한 숟가락 넣어서
쓱쓱 비벼 먹는 걸 좋아한다

그 시절 수많은 사람은 그렇게 살았다
삘기도 한 줌 뽑아서 까먹기도 하고
찔레도 꺾어 먹고
참꽃과 아카시아꽃도
따 먹으며 그렇게 살았다

그래도 울 어머니는 끼니때마다
아궁이에 불을 지피시고
무엇인가를 삶아 내셨다

저녁 두레반에는
갖가지 나물들을
푸짐하게 올리셨다

그래서 그런지 나는 지금도
그 맛을 찾는지도 모른다
나는 지지리 궁상맞게
가난한 집에서 자란 것 같다

그렇게 자라서 그런지
먹는 것이 소중한 걸 배웠다

4월의 봄날

세상의 행복한 것들이
저 앞산에서부터
분주하게 내려온다

죽은 듯이 사랑을 해야 한다
나에게 조르는 것들이
너무도 많은 사월이기 때문이다

돌 틈 사이에서 햇살 받은
초목들의 눈동자가
똘망똘망한 것이
내가 오히려 눈동자의 촛점을 잃은듯하다

전설이 되어버린 사랑 이야기처럼
순간순간 초록이 다른 빛을 낸다

고요했던 나무들이
낮에는 햇살을 쫓고
밤에는 별빛을 쫓아다니는 동안

봄철도 한낮 더위를 만들어
초록의 물감을 마음껏 뿌려놓았다

곧 단비에 계절을 넘겨줄 요량으로
바쁘게 움직이는 소리 요란하다

아카시아꽃이 한 달은 먼저 피는 게
시절이 매우 수상하다

제2부 내 인생의 봄/ 41

봄을 보았다/ 42
애기똥풀꽃/ 44
입춘 바람/ 46
봄봄봄/ 47
오월의 햇살/ 48
오월에 내린 비/ 50
목련꽃 실눈을 뜨다/ 52
꽃이 피는 봄이 오면/ 54
春雪/ 56
봄날의 그리움/ 58
봄은 아프다/ 60
찔레꽃 향기/ 62
내 인생의 봄/ 64
바람의 길/ 66
봄날의 이별/ 68

봄을 보았다

문이 잠긴 듯한
엄동설한 겨울도
물러갈 즈음

때 이른 봄비인지
겨울비인지 비가 내린다

텅 빈듯한 겨울 숲은
파란 기운이 도는 것이
조금 길어진 햇살에
봄이 눈곱만큼 자랐다

숲속의 정적이 몰락하는
모습이 보인다

애기똥풀꽃

보길도와 대흥사에 내려왔다

아직은 조석으로 바람이
싸늘하게 느껴진다
한낮의 햇살을 받은
애기똥풀이 더운 듯 처져 있다

엄마 바람이 지나다 애기똥풀
곁에 다가앉아 날아가는 나비를 불러준다

나비야 나비야 어서 와서
우리 얘기 덥다 하니
네가 와서 부채질이라도 해주렴.

어느새 나비는 날개를 저으며
열심히 부채질한다

애기똥풀 꽃이 해맑은
미소를 짓는 모습이
엄마의 정성으로 기운을 차린 듯하다

우리 부모님들은
네 자식 내 자식 가리지 않고
모성애로 모두 품어주셨다
나에게도 따사로운 바람결 같은
어머님이 계셨다

힘들고 지쳐 쓰러졌을 때
내게 그리움으로 찾아오셔서
나를 일으켜 주셨다

오늘은 보길도에서 어머님의
그리움을 빨랫줄에 널어놓고
바지랑대로 하늘 높이 고여
그리움을 말리고

돌아오는 길에
대흥사에 들렀다
여기에는 애기똥풀은 지천이다.

입춘 바람

찬바람은

움츠렸던 내 어깨를

한낮 따사로운 햇살에

시럽 지도 않게

세월의 흔적을 남기고

인생의 한 조각을 만들고 지나간다

봄봄봄

부지런한 태양도
고독했던 골목을 햇빛으로
구석구석 널어놓고 지나간 후
꽃대들이 담장 너머로
고개를 내밀고 있다

마치 봄 하늘을
떠받치기라도 하듯
새순들이 두 팔을 벌리고
하늘을 바친다

목련도 입술을 내밀고
할 말을 실컷 떠드는 사이
봄은 그렇게 차곡차곡 쌓여만 간다

오월의 햇살

아침 햇살이 소복소복 쌓이는
초여름 아침
초록 들 위에 쌓인 햇살 들을
한참 동안 바라보았습니다

작은 숲속에서 밤새 잠을 자던
적막함도 돌아갈 길을 잃어버리고
눈을 번쩍 떴을 때는
길을 잃은 듯
포기하고 말았습니다

어젯밤 별들이 우는 소리가
서쪽 새 울음소리와 함께 들린 것도
날이 새기 전에 돌아갈 길을
생각했기 때문인 듯합니다

이른 아침 새날이 밝은 것은
그렇게 밤새우며 울어댄
별들의 수고인지도 모릅니다

초목들이 햇살을
한 아름씩 쓸어안고
숨을 헐떡입니다

그렇게 오월은
힘차게 익어갑니다

오월이 토실하게
여무는 것을
바라볼 수가 있었습니다

오월에 내린 비

오월의 말 하지 못한
사연을 쏟아 놓듯이
비가 내린다

아침부터 뒷산에서
까마귀가 시끄럽게 우는 것이
말하지 못한 사연을
쪼아 대는 것 같다

비가 그치는 소리에
창밖을 바라보다가
초록 들의 눈빛과 마주친다

사나흘 동안 한 뼘은 자란 듯
성숙해진 모습은
6월의 초여름으로
건너뛸 준비를 한다

아마도 6월은 세상에서
제일 잘 크는 계절인듯하다
비 갠 날 아침 햇살은
눈이 부시게 아름답다

아직은 촉촉한 오월과
유월 사이는
그렇게 분주하게 역사를
만드느라 요란하다

목련꽃 실눈 뜨다

비가 내린다
아직은 이른 것 같은 게
봄비는 아니다
입춘이 지났으니 봄기운이
땅속으로 스멀스멀 기어 온다

냇가에 송사리들이
입을 쩍쩍 벌리는
소리가 들린다

아침에 내리는 비로
땅이 젖은듯하더니
저녁나절은 진눈깨비로
길가에 소복해진다

그래도 춥지 않은 것은
입춘대길이 지나간 자리라서 일 거다

춥게 느껴지던 목련 나무도
수묵담채를 그리려는지
붓끝에 물방울을 묻혀서
선을 긋는 연습을 한다

아참
작년 봄에 만들어둔 목련 꽃차를
꺼내서 우려 본다
느지막이 목련꽃에 앉았다
날아갈 나비를 그려본다

올봄에는 목련꽃을
가득 그려볼 참이다
목련 꽃눈이 실눈을 뜨다가
진눈깨비에 혼이 났는지
다시 감아버렸다
아직은 봄이 이르다

꽃이 피는 봄이 오면

할 말이 많은 봄이
이리저리 뛰어다닙니다

그럴 때면
기억 속에 웅크리고 있던
케케묵은 연애 시절도
수십 리 길을 달려오는 듯

가끔은 사무치도록 그리워서
온종일 숨이 가빴던 순간을
생각나게 하는 날이기도 합니다

발밑에서 애벌레들의
기지개 켜는 소리가
가물가물 들립니다

그렇게 봄은 다시 오고 있습니다
얼마 후면 봄들이 들끓어
아주 시끄러운 세상이 될 것 같습니다

남녘에서는 꽃소식도 뛰어옵니다
봄날이 다시 오면
나 당신에게로 돌아가겠습니다
꽃이 피는 봄이 오면

春雪

좋아 죽겠다는 심정으로
오늘 그곳에 갔다

텅 빈 숲은 아직도 전율하는 듯하다
어제 춘설의 겨울 막바지를 보았다

그래서 그런지 적막함이
품어준 생명이 눈빛
부드러운 바람의 진통으로
영혼의 외로움 같이
온순하게 녹아내렸다

촉촉해진 땅에서는
소리가 들린다
입맛 다시는 소리도 들리고
눈을 비비는 소리도 들린다

나는 그 소리를 요리 한다
세콤 달달한 맛을 요리 한다
그래야 봄이 맛있다

햇볕 따뜻한 언덕의
*비얄밭에서 봄 향기가 난다

좋아 죽을듯한 심장으로
하늘 깊숙이 날아오르는
까마귀도 보았다

골짜기에 아직도 남은 잔설이 녹고 나면
山의 신음과 숨결과 봄의 화음으로
왈츠가 들릴 것만 같아
어느새 내 가슴에는 사랑의 싹이 튼다

*비얄밭: 양지바른 비탈밭의 충청도 전라도 지방의 사투리임.

봄날의 그리움

봄 햇살이 떨어지는 꽃잎 위에
소리 없이 내려앉은 아침입니다

몰아치는 바람은
꽃잎을 전설 속으로 밀어 넣듯이
봄은 마냥 좋은 것은 아닙니다

봄을 사랑할 겨를도 없이
수많은 이별을 해야 했습니다

빗소리에도 걱정했고
바람 소리에도 아파했습니다

꽃잎이 다치는 것을 아파했습니다
봄날은 그렇게 사랑을 하면서
이별해야만 하는 아름답지만
슬픈 계절입니다

꽃들은 전설의 색을 입고
먼 산은 春景山水의 동양화같이
색을 입히고 봄날의 아지랑이 속으로
울다가 웃다가
그렇게 바람 따라 사라집니다

그래도 우리는 좋아서 행복합니다
봄의 가슴은 아마도 그리움만
쌓이는 계절일지도 모릅니다

봄은 아프다

울 엄니는 봄이면
쑥개떡 한 덩이 싸서
물 한 바가지를
노란 양은 주전자에 담아
광주리를 머리에 이고
산비탈 지나 펑퍼짐한 비얄밭에
가쁜 숨 턱 하니 내쉬며
광주리 내려놓고
주섬주섬 호미와
낫을 챙겨 들고 밭고랑으로 몸을 파묻는다

일어서 잠시 쉴 때
밭두렁에 하얗게 핀 조팝나무꽃들이
한창 피어있다는 걸 보신다

허리를 펴고 일서 설 때
두런거리는 소리가 들린다
부잣집 쌀밥 사발처럼 소복하게 피었구나
저게 모두 흰쌀 같으면
우리 새끼들 굶기지 않고 실컷 먹일 텐데

어휴 하면서 내쉬는 한숨 소리에
집을 나가 화냥년하고 바람난
서방님도 원망스러운 듯
진한 한숨으로 눈가는 촉촉해지고
어머니 등을 타고
땀이 한 바가지 흘러내리는 걸 보았다

나는 봄이 오고 그 조팝꽃이 필 때면
어머니의 한숨 소리가
아련하게 들리는 듯하다
그래서 봄은 아프다

그러면서도 새벽이면
군대 간 큰아들 무사하라고
장독대에 정한수 한 사발 떠 놓고서
비는 모습이 왜 그리도 바보스러울 만큼
안타까웠던지
봄은 그래서 더 아프다

찔레꽃 향기

오월의 아침 햇살과
저녁 노을빛에
여름 이마가 뜨거워집니다

엊그제까지
서늘하기만 하던
초여름의 체온이
열이 올라 쩔쩔 끓고 있습니다

그렇게 오월의 꽃들은 피고 지고
서로 빛을 발하며
다시 돌아오지 않는 세상 속으로
떠나가고 있습니다

초저녁 바람이 불어와
찔레꽃 덩쿨 속에서
향기가 소리로 들립니다

그 향기 속에서
당신의 향기가 납니다

당신을 잊고 살았던 날의
그리움이 꽃으로 피어
나에게 말을 건넵니다

나는 네 마음
다 알고 있었다고
덤불 속에서
하얀 찔레꽃이 속삭입니다

그 덩쿨 속에서 당신의
목소리가 들립니다
당신의 목소리가

 너무 외로워 말라고
위로하는 목소리가 들립니다

그렇게 오월의 꽃들은 피었습니다
또 그렇게 오월은 속삭입니다
잊고 살았던 당신의 목소리가
찔레꽃 향기가 되어 들립니다

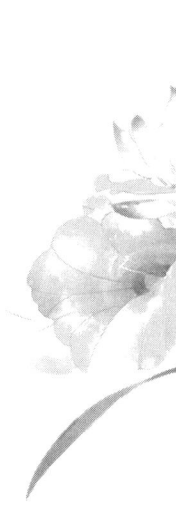

내 인생의 봄

내 인생의
봄은
돌아올
기미가 없는데

어느새
또 다른 봄은
내 볼을 스치다
내 입술에
묻혀두고

봄을
음미해 보라고
무심하게 스친다

눈치 빠른 까치가
까까깍 놀린다

내 봄은
그래도
다시 올
기미도 없는데
말이다

너도
나를 무시하고
놀리는 건
아니겠지

그렇게 또
하루의 그림자를 거둔다

바람의 길

바람이 길을 가고
그 바람이 골목을 빠져나갔다

햇살이 그 길을 따라 쫓을 때
겨울 햇살이 차디찬 강물을 건넌다

한나절이 지나서야
하얗게 정지된 땅속에서
시끄럽게 두런거림이 들린다

벌써 봄꽃들이 피워낼 채비를 한다

우리 동네 어귀에 버드나무도
온몸으로 찬바람을 견디는 곳
그곳은 내가 사는 북두리다

하얗게 깊은 겨울의
거적때기를 들춰보니
석양을 무대 삼아 군무를 추고

떠나는 철새들의 구령 소리도 들리고
수십억 가지의 꽃들이
피어날 준비를 하는 모습을 볼 수 있었다

나 돌아가기 전
하늘의 별을 하나 따서
찻잔에 띄우고 몸을 녹여본다

봄날의 이별

밤새워 낙숫물 떨어지는 소리가
그대의 심장이 두근거리는
박동 소리같이 들립니다

입술을 내민
당신의 가슴이
급했나 봅니다

숨이 멎을 것 같아
큰 신음 소리를
등 뒤에 숨겨둔
바람으로 희석시키고
당신의 한 서린
고통도 그렇게
눈물 되어 토해버리는
봄날의 밤입니다

당신의
외침이 들립니다

날이 밝으면
퉁퉁 부은 충혈된 눈으로
향기를 토해내겠지요

누가 그랬습니다
봄은 불같다고
봄은 언제나 가슴앓이하는
첫사랑같이 아름답다고 했습니다

날이 새면 봄을 맞으러
갈 채비를 합니다

봉긋하게
가슴을 드러낸
목련의 하얀 속살을

볼 수 있다는 생각에
가슴이 두근거립니다

두견화의
연분홍 입술에
키스를 할 수 있다는
기대하고 나니
빨리 날이 샜으면 좋겠습니다

내가 싫어 떠나간
당신과의 사랑을
나는 이렇게 또 다른 그대를
만들어 사랑놀이를 즐깁니다

그대는 아십니까
나의 가슴 시린 사랑을…

제3부 **연꽃 따는 남자**

연꽃밭에 부는 바람/ 73
연꽃이 필 때/ 74
여름밤 원두막/ 76
연꽃 따는 남자/ 78
고향 집 모란이 피던 날/ 80
살구가 익는 날/ 82
여름날/ 83
세월/ 84
제비/ 86
차의 향기/ 87
단비/ 88
바람 부는 그곳/ 90

연꽃밭에 부는 바람

바람아 네가 있어
향기를 전할 수 있음에
너를 좋아하는지 모른다

사람들은 꽃이 필 때를 좋아한다
네가 있어 꽃을 피운다
네가 있음에 향기를 날릴 수 있다

연꽃이 아름다운 것은 바람 때문이다
일 년 동안 품어준 농부의
땀방울 또한 감사할 수 있었다

아침마다 네 곁에 있어
기뻐하는 농부가 내게 들려준
그 사랑의 세레나데로
아름다운 꽃을 피웠는지 모른다

연꽃이 필 때

바람이 잠들지 않고 부는 곳
우리 동네 북두리 연 방죽에서
나는 더위에 윗옷을 벗었다

버드나무 가지에 옷을 걸어 놓고
알 수 없는 날들을 위한 기도를 한다

하얗게 핀 백 연꽃 들이
귀를 세우고 기도를 듣는 듯
붉은 햇빛의 손길마저 조용하다

저 멀리 산들의 언저리까지
향기를 전해주고 돌아오는 길

무더운 여름 석양은
구름 사이로 태초의
빛을 만들어 연출하며
한낮의 더운 여름을 진정시킨다

너무 나 아름다워
혼자 보기가 아쉬운
곱디고운 흰 백련 꽃도

초저녁 달이 뜨고 별이 뜰쯤
옷깃 여미고 다소곳한 모습으로
향기로운 주단을 깔고 달을 기다린다

여름밤 원두막

구름은 집으로 돌아가고
거리는 땅거미가 내려앉는다

까만 하늘을 올려다본 순간
어딘지 낯설어 눈물이 흘렀다

초저녁 일찍 나온 별들이
소곤거리며
또랑 징검다리를 건너고 있었다

또랑 건너에서
어머님이 부르는 소리가 들린다

어머니의 천국 같은 소리가
밥 먹으라고 들린다

별들은 모두 또랑의
징검다리를 건너갔는지
그리움의 원두막만 남아있고

그곳은 내가 건널 수 없다는 것을
여지없이 알게 해준다

그리움의 원두막에는
부채를 든 할머니도 계시고
옥수수 한 바가지 쪄 놓고
우리를 까 먹이시던 어머님도 계셨다

내 고향 원두막이
참 그리운 밤이다

연꽃 따는 남자

바람이 잠들지 않고
연꽃 핀 방죽에서 밤새 노닐다
동녘이 환해지기 전

돌아가는 길에 나를 붙잡고
사랑의 예식을 치르고 갔다

내 몸에서
은은한 향기가 뿜어진다

내 눈은 촉촉해진다
연꽃의 향기에 젖어 있다

밭두렁에 원추리가
질투하는지 내가 보는 앞에서
꽃잎을 툭 떨군다

얼마나 내 모습에 심술이 났을까
가슴에 없는 흉터를 만든다

그래도 나는 동트기 전에
사랑놀이를 실컷 즐겨야 한다

보기마저 아까워 볼 수 없이 예쁜 너를
나는 생계 수단으로 무참히 꺾어야 한다

고향 집 모란이 피던 날

늦은 봄 햇살은
내 그림자를 밟는
소리가 들리고

빈틈없이 꽉 차 있는 초록들 사이로
작약 모란이 자리를 펴던 날

주인 없는 시골 빈집은
달빛 별빛 내려놓고
밤새 잔치를 벌인다

달빛에 얼 비친 이별의
그림자들이 노란 별빛을
꼭 다문 채 내 영혼을
요절시키는 밤

그렇게 고향 빈집은
계절을 불러놓고
천렵을 즐기는구나

오랜 이별을 희석하는 듯
정신없이 계절 놀이를 하느라
인적없는 고향 빈집은 아직도
모란은 피더라

이때쯤부터 나는
...

살구가 익는 날

꽃이 피고 지고
비바람 맞으며
세월의 절반은 지나가고

그렇게 세월을 추억 속으로
접어둔 채로 결실들은 익어간다

나뭇잎 사이에 살포시 숨었던
살구가 노릇노릇 …

어느덧 살갗을 드러낸 살구
나뭇잎으로는 자신을 숨길 수 없을 만큼
제법 토실토실한 둔부를 드러내고
뭇 사내들을 유혹한다

유월은 봄볕에 흐드러지게
피고 지던 시절을 귀한 열매의
선물로 바꿔주는 시절이다

여름날

별들이 교차하는 지점마다
그리움은 언제나 붉은데

눌어붙은 더위는 견고하고
귀뚜라미가 팔분음표로
여름의 밑동을 거둬내는지
밤새 청개구리와 화음을 맞추는 밤이다

그러는 사이 연못의 연꽃은
다소곳하게 피었다

복숭아나무의 가지마다
떠나간 애인의 둔부처럼
복숭아가 불그스레 익는다

모든 이별의 색깔이 붉듯이
여름날의 햇살이 쨍쨍하기만 하다
그렇게 한여름은 뜨겁기만 하다

세월

나이가 들어 힘든 것을
탓하지 말자

날이 새면 하루가 가고
밤이 찾아오거늘

빠른 게 세월이라더니
진짜 유수 같은 세월

뭔가를 이룰 것 같았는데
기대와 희망으로 버텨온 세월

세월에 속았다 하지 말자
내가 그 세월을 허송세월한 거지
세월이 속인 게 아니고 내가 속은 거다

너무 애쓰고 살지 말자
살다 보면 안개 끼듯 막막할 때도 있다
그래도 하루는 다시 시작되고
내가 가는 여정 속에 해도 뜨고 지고
꽃이 피고 지고 하더라

엄동설한 속에 앙상한 포도나무도
7월이 되니 포도가
알알이 익어가듯

우리의 삶도 모두다
하나둘씩 세월에 묻었을 뿐이다

세상이 나에게 들려준 것들
모두 탓하지 말고 감사하자

제비

여름의 빨간불 정체 속에
불타던 신호등도 바뀌었습니다

불볕더위로 타들어 가던 대지에
파란 하늘이 선명하게 뒤덮고
녹색 신호등이 가을로 가라는 신호를 보냅니다

직진하는 사이 요즘 보기 드물게
전깃줄에 제비도 보입니다
새봄에 둘이 온 제비들이
대 가족을 만들어
강남 갈 채비를 하는지
새끼제비에게 주의 사항을
전하는 듯 지지배배 난리입니다

폭염 태풍도 잘 보내고
이제 파랑 신호등 같은 하늘빛처럼
가을이 펄쩍 건너왔으니

또 다른 세상으로 변할 것을
기대하면서 여름을 마무리합니다

차의 향기

차를 우리는 것은

차 한잔 속의
삶의 의미를
생각하게 하며

차 한잔에
담긴 세상의
의미를 알게 하고

차 한잔을
입안에서 머물게 하는 것은
나를 평온하게 한다

단비

종일 우중충하게
퍼질 러 하늘을 덮던 구름은
하늘의 달도 감추고
창밖으로 똑똑한 빗방울들이 떨어진다

장독대 뚜껑 움푹 팬 곳에
물 한 바가지를 담아놓고

누군가의 양식이 될
밭고랑 사이로 가서
퍼질러 앉더니 무슨 사연이
그리도 많았는지 일어설 기미가 없다

앞집 양철 지붕은
무슨 음악회라도 열었는지
계속 두들긴다

바람에 날려간
검은 비닐봉지도
투덕거리는 소리에 주춤대다가
멈춰 서있다

빗소리가 이제는
섬세하게 들린다

나도 너무 좋아 싱숭생숭한데
초록들은 까물어칠만큼
좋아하는 소리로 들린다

드디어 장마가
시작된 듯 하다

바람 부는 그곳

바람 부는 날에
그 들판으로 나갔다

텅 빈 들판은 아무도 없다
무엇을 잃어버린 미친 바람처럼
내 목을 졸라맨다

한여름에 입 맞추고 돌아오던 날
벌거벗겨진 하늘에 뜬 달을
놀리던 그날 밤
별들이 오늘도 놀리는지
도란거리는 소리가 들린다

그 들판에 서 있던 통통했던
허수아비도 밤바람에 벗겨진 채
죽음의 냄새를 풍기는
그 들판으로 나갔다.

제4부 아침에 뜨는 달/ 91

가을비/ 93
아침에 뜨는 달/ 94
가을바람/ 96
그리운 아침/ 97
청국장/ 98
단풍놀이/ 100
초가을 바람/ 102
초가을/ 104
가을이 오는 길/ 105
그 산에 가다/ 106
가을 문턱/ 108
만추/ 109
시월의 마지막 밤/ 110
단풍놀이(2)/ 112

가을비

가을비가 내릴 때
가을 산에 아직도
덜 익은 단풍잎이
글썽이며 눈물을 보인다

온종일 뽀송뽀송했던 맨살 하늘은
예를 갖추듯 구름옷을
주섬주섬 입고 있다

유유히 맑게 흐르던 강물도
가을 단풍산을 그리다 반해
아예 품어 버린다

비에 축 처진 누런 평야가
아파서 흐느끼는 소리가 들린다

이 비가 내리고 나면
가을은 더 숙성되어
가을 향기로 수북해질 것 같다

아침에 뜨는 달

쓸쓸했던 밤하늘도
슬슬 물러 날쯤
하늘빛이 상쾌하게
결 고운 갈바람 되어
내려앉는다

쓸쓸한 걸음으로
가을 새벽을 걷다 말고
하늘을 무심히 올려다본다

밤새워 사랑을 속삭였는지
졸린 눈빛의 새벽달을 본다

그동안 달은 초저녁에
뜨는 줄만 알았다

달은 아쉬운 사랑놀이를 하는 동안
별들도 숨어버리는 줄도 모르고
아침 햇살에 들켜 버렸다

하늘을 떠도는
구름 꽃잎이 스쳐 간 자리는
그리움이 파란 호수가 되어
아침에 뜬 달을 삼킨다

그렇게 가을 숲은
호수에 가만히 잠기는 동안
따사로운 햇살이
아침에 뜬 달을 놀린다

가을바람

바람은 어디서 오는지
가을 길을 깊숙이 만든다

풀들은 서로의 어깨에 기대어
축 처진 모습으로 반은 누웠다

비가 오던 날숨을 참고 있는 가을은
햇살의 눈에 또다시 맥박이 뛴다

포동포동 살찐 참새떼가
단체 소풍이라도 온 것인지
길섶에 일제히 내려앉아 재잘댄다

지나는 나그네의 헛기침 소리에
모두 포르르 날아오르더니
파란 가을 하늘을 가르며 사라진다

바람은 어디서 오는지
가을 길을 걷는 길 위에
쓸쓸한 그림자가 드리운다

그리운 아침

가을 숲을 지날 때면
쓸쓸한 마음이 든다

가을 아침 달이
파란 호수에 잠기듯
쓸쓸하면 쓸쓸한 대로

가을빛에 고요하게 묻어두고
아침에 뜬 달을 보고
살가운 미소 띠는 아침이다

가을 하늘이 파란 호수같이
아름다운 세상에
미소 띤 당신의 모습이
그리운 아침이다

청국장

받을 사람도 없다
주소도 없고 모른다
그러나 가을이 오면 편지를 쓴다

주소 없는 그곳에도 그리움이 있을까
밥을 먹다가 생각이 난다

가을이 오면 울 엄마는
잘 익은 콩 가쟁이를
한 아름 꺾어 오신다

한 바가지를 까서 청국장을
띄우는 작업하셨다

서너 날이 지나면 함지박에서
하얀 실이 줄줄이 나오는 청국장이
우리 밥상에 올라온다

그래서 이맘때면
그리움의 편지를 쓴다
우표도 없이 주소도 없다

어머니 계신
그곳으로
편지를 부친다

단풍놀이(1)

절정의 단풍은
여기저기 뛰어다니며
사연을 만든다

쌀쌀한 가을은
계절을 깊게 물들게 하고
밤새워 수다 떨던 별들은
강물에 세수하고 떠났는지
강물은 더욱 고운 빛으로
유유히 흐른다

조용히 파란 강물을 들여다본다
물속의 세상은 너무도 화창하다
울긋불긋 단풍을 삼켜 놓고
소리 없는 축제를 벌인다

조용한 단풍 구경을 하고
물속을 들여다본다
송사리도 있고 가재도 팔 벌리고
축제를 즐긴다

주변 낙엽을 한 줌 주워
한 잎 한 잎 띄우는 놀이를 하며
하루가 지날 쯤 물속에서 달이 뜬다

초가을 바람

결 고운 초가을 바람이
언덕을 넘어 나를 따라온다

한 번도 펼쳐본 적이 없는
내 영혼의 고독을 어르고 있다

꾹 참았던 긴 한숨이
휘파람 소리 되어 내뿜어 낸다

기승을 부리던 무더위도
녹색 잎새들과 허리를 절반은
구부리고 축져져 맥을 못 춘다

초가을 비가 후두 둑 내린다
여름의 등 짝을 때려 쫓아 보내듯

여름내 뒤집어써야 했던 밀짚모자가
너덜거릴 정도로 분주하게 준비한
가을을 펼쳐야 하는 순간이다

한낮 뜨거운 햇살과 낮달은
가을을 잘 물들기를 기도하며

팔월의 막바지를
아쉬운 이별로 통보하고 있다

초가을

마지막 여름비가
억수로 내리느라
사나흘은 우중충했다

새벽이 일찍 밝은 것이
하늘이 높게 보이고
결 고운 가을 햇살이
초록들을 허리를 구부러지게 한다

오늘은 유달리 거리거리에 서 있는
나무들의 근심 걱정이 깊어진다
그래서 가을 햇살의 속내도 복잡하다

연방 죽에서 노닐던 바람도
낮달이 서녘의 해를
바라보는 모습을 보고
살며시 자신의 집으로 돌아간다

그렇게 결 고운 초가을이 오면
배추 모종 심고 밭고랑 물을 주며
겨울 채비를 시작하는지도 모른다

가을이 오는 길

중얼중얼 비가 내린다
지난밤 별들과 도란도란 이야기하고
밤새워 놀다 온 새벽바람이 선선하다

지난여름을 묻어 주자고
약속이라도 했는지 가을비가
자주 내린다

포동포동 살찐 참새떼가
소풍이라도 온 것인지
누런 벼 이삭 사이로
일제히 내려앉아 재잘거린다

벼 이삭 다 쓰러지면
농부들의 마음 아플 텐데

그 산에 가다

아
누가 저 산을 통째로
예쁜 보자기 만들어 쌌을까

알록달록 꽃보자기
만든 이가 누구일까

저렇게 고색으로 아름답게
물들인 이가 누굴까
감탄스러운 감사가 터지게 한다

햇빛 밭 보자기는
무늬마다 다른 빛을 낸다

바람을 타고 온 억새도
슬픈 노래로 내 발길 돌려
고색이 물든 그 산으로 간다

보자기 매듭을 풀어내듯이
그 속에 숨겨진 것들이 왠지 궁금하다

알록달록 수채화도 가득하고
새 떼들의 울음소리 천둥소리
바람 소리 별빛 달빛 숨어있다

나는 오늘도 산으로 간다
그 산에는 해와 별도 달도 산다

그러다 서러운 그리움이
떠날 채비를 할 때쯤
그 산에서 내려올 것이다

가을 문턱

작년 가을에 묻어둔
풀무를 어디서 찾았는지
귀뚜라미가 찾아내서
풀무질하듯이 울고 있다

나는 밤하늘을 바라본다
달도 그믐밤을 지키는지
숨어버리고 별들과
숨바꼭질하고 있다

귀뚜라미들이 갑자기 바쁘게
풀무질하는지 시끄럽다

만추

살아있는 것들은
모두가 꽃을 피우듯
별빛 달빛마저
사랑할 수 있었던 때
감동의 눈물은
빗물일까 눈물일까

떨어지는 소리가
내 눈에서 난다

그 꽃은 된서리 한 번에
초상집이 되었다

여러 날 잠을 못 잘 만큼
화려했던 세상도

이제는 떠나려는지 통곡하는
비 오는 만추의 깊은 밤이다

시월의 마지막 밤

시월은 지독하게 아름답다
어느 화가의 수채화도
이렇게 아름다운
그림을 그릴 수 없다

시월은 지독하게 황홀하다
호숫가의 따스한 햇볕도
나를 애무하는 갈대 바람처럼
황홀하게 할 수 없다

시월은 지독하게 낭만적이다
어느 달콤한 사랑도
시월의 바람처럼
시어를 쏟아내게 할 수 없다

시월의 바람은
단풍을 길 위로 나뒹굴게 하여
많은 추억의 시어를 만들고
시인은 그 단풍을
하나둘 엮어 시를 만든다

그렇게 나도
시월의 마지막 밤을
보내기 아쉬워

휘영한 달빛을 비추는 호수 아래
나만의 낱말을 엮어
시를 노래해 본다

단풍놀이(2)

절정의 단풍은
여기저기 뛰어다니며
사연을 만든다

쌀쌀한 가을은 계절을
깊게 물들게 하고
밤새워 수다를 떨던 별들은

강물에 세수하고 떠났는지
강물은 더욱 고운 빛으로
유유히 흐른다

조용히 파란 강물을 들여다본다
물속의 세상은 너무도 화창하다
울긋불긋 단풍을 삼켜 놓고
소리 없는 축제를 벌인다

내가 바라던
조용한 단풍 구경을 하느라
조용히 물속을 들여다본다
송사리도 있고 가재도 팔 벌리고
축제를 즐긴다

주변 낙엽을 한 줌 주워다
한 잎 한 잎 띄우는 놀이를 하며
하루가 지날 때쯤 물속에 달이 뜬다
그렇게 나는 단풍놀이로

제5부 첫눈 내리던 날/ 115

새날을 맞을 준비/ 117
동백섬/ 118
첫눈 내리던 날/ 120
눈 내리는 날/ 122
겨울 벚꽃/ 124
강물은 흐른다/ 126
칼바람/ 128
청룡의 새해 아침/ 129
겨울 방안 풍경/ 130
겨울 그림자/ 132
겨울에 내리는 비/ 134
군불/ 136
한 해를 보내며/ 138
하얀 그리움의 발자국/ 140
장 담그는 날/ 142
각자도생/ 144

새날을 맞을 준비

바다 저 끝에서
이글이글 광채가 보입니다

새해 새날에 용솟음칠
청룡의 눈빛이 보이는 듯합니다

너 또한 무슨 좋을 일을 주려 하느냐
기쁨은 넘쳐나게 웃음도 많이
아픔은 아주 조금 몰고 와서
365일 동안 우리 곁에서
어우렁더우렁 잘살아 보세

네가 가진 기운으로
상서로운 용솟음으로 온 세상에
여의주를 려주기를 소망한다

동백섬

해운대 동백섬은 지금
붉은 만사를 펄럭이며
장엄한 행사를 치르는 중이다

땅바닥에 떨어진 동백들의
슬픈 장례 행렬은 겨울철
새 떼마저 울음 울고 떠나간다

예리한 칼날에 베인 듯
빨간 선혈을 흘린 것처럼
동백은 눈물만 절절하게 흘린다

오늘도 동백섬에서는 빨간
동백꽃이 피고 지고 야단들이다

달이 뜨고 질 때쯤
바람이 별을 털어
동백섬 앞바다에 뿌리는 날이면
철새들도 제 갈 길을 가고 없을 때

장엄한 동백의 장례 행렬은
그렇게 또 끝나간다

첫눈 내리던 날

초승달은 어디서 놀다 왔는지
초저녁이 되서야
서쪽으로 넘어간다

앞집 묵은 감나무 가지에 걸터앉아
까치밥을 배부르게 따 먹었는지
초승달이 배부르다고 떠난다

그때 바람이 불고 구름이 드리운다
눈이 내린다
주먹만 한 함박눈이다

된서리에 시들어 깨상깨상 버티는
황국화 머리 위에 소복이 쌓이던 밤

시인들은 빛바랜 과거의 잔상들을
안주 삼고 눈 내리는 밖을 보며
막걸리 한 사발을 부딪친다

연애편지 읽어 내듯
시를 쓰는 첫눈 오는 밤
눈이 펑펑 내려 쌓인다

눈 내리는 날

어제는 눈이 내렸다
유년 시절 어머님 생각이 난다

이불솜을 타러 갔던 기억이
솜틀기에서 엉겨 붙었던 목화솜이
송송송 쏟아져나와 쌓이는 것이
흰 눈이 쌓이는 것 같았다

목화를 심어 따서 말리고
씨를 발라서 솜을 틀어다
시집갈 큰 누님 혼수 이불을
정성 들여 만드시던 울 어머니

생각해보면 참 아름다운 과거였다
눈은 천지 분간 없이
하얀 세상의 고요 속을 뛰어다녔다
바람이 조금만 불어도
고요했던 풍경들이 흔들렸다

나는 유년 시절 이리저리
뛰어다니다 보면
저녁나절은 내가 눈사람이 되었다

오늘은 어머님의 솜이불 꿰매시던
그 모습에 꺼놓았던 등잔불 같은
옛 추억이 다시 살아나 눈물이 난다

겨울 벚꽃

겨울에 시들지 않은 빨간 장미
겨울 볕은 졸린 지 다리 사이에
얼굴을 묻고 졸고 있다

옛날 같으면 大雪에는 흰 눈이
수북하게 쌓였을 것이다

겨울의 고요함은 죽은 듯이
숨소리도 죽이고 뒷걸음질 친다

겨울 한복판에 갈라진 벽틈 사이에
개씀바귀가 자라고 있는 것은
아직도 할 말이 남은 까닭일 것이다

온갖 상처에 찢겨진 바짝 마른 낙엽은
제 몫을 못 하는지 봄바람 같은
바람을 붙들고 하소연한다

겨울은 언 곳과 얼지 않은
경계가 있는데도
무슨 오해가 있는지 꿈쩍도 하지 않고 있다
이러다 벚꽃이 만개할 것 같다

강물은 흐른다

새해 아침
강물은 어제와 같이 유유히 흐른고
구름은 강물에서 물결에
부딪혀서 부서진다
때로는 기와지붕처럼
흘러가기도 한다

강렬한 빛도 반사하기도 하여
눈이 부셔 볼 수 없을 만큼
빛이 나기도 하며
수많은 세월 동안 강물은
흔적을 남기지 않았다

강물은 그렇게 빌딩도 삼키고
다리도 삼키고
해도 달도 별도 삼켜도
흔적 하나 남기지 않고
도도하게 흐르며
강물은 수많은 세월을 삼킨다

강물은 그렇게 수많은 사연을
만들기도 하고 수많은 소리도
만들고 그 소리와 수많은
생명을 키운다

그렇게 강물은 새날이 와도
말없이 새로운 세상을 삼키며
내 심장처럼 쉼 없이 흐른다

나는 그래서 특별한 날이면
강가에 나간다

그렇게 내 가슴을 씻어내는
의식을 치르기도 한다

칼바람

겨울의 거친 바람에 시를 쓴다
섬뜩하고 예리한 칼 가는 소리가 들린다

겨울은 엄동설한 속에
예리한 칼을 가진 사람이 살고 있다

때론 시퍼런 강물도 얼게 한다
햇빛도 부드럽게 맥을 못 추고 춤추게 한다

그렇게 칼바람에 詩 몇 편 쓰고 나면
남쪽 바다에서 꽃들이 벙글거리고
칼춤에 맞춰 군무를 추듯이
밀려올 것이다

벙글거릴 그 날을 기다린다

청룡의 새해 아침

바다 저 끝에서
이글이글 광채가 보입니다

새해 새날에 용솟음칠
청룡의 눈빛이 보이는 듯합니다

너 또한 무슨 좋을 일을 주려 하느냐
기쁨은 넘쳐나게 웃음도 많이
아픔은 아주 적게 몰고 와서
365일 동안 우리 곁에서
어우렁더우렁 잘살아 보세

네가 가진 기운으로
상서로운 용솟음으로 온 세상에
여의주를 뿌려주기를 소망한다

겨울 방안 풍경

창문을 두드리는 소리가
자주 들립니다

뜰을 지나던 겨울바람이
손이 시린지 잠시 창문을
두드리고 기척이 없으니
그냥 지나갑니다

나는 일어나 화로에 불붙이고
찻물을 끓입니다
뜨거운 열기가 찻주전자
꼭지에서 들썩이며
끓고 있습니다

집 들어올 때 엉거주춤하게
기어 다니던 고양이의
울음소리도 다시 들립니다

차 한잔을 우려놓고 찻잔에
안부를 물어봅니다

우리가 잊고 있던 것들을
말해 줍니다

향기가 나는 것들에게는
눈물이 나게 행복합니다

기억하기 싫은 것들에게는
어깨가 시릴 만큼
기억하기 싫어집니다

이렇게 여러날을 춥게
보내야 할 문풍지 바른 창틀이
붕붕 울어 대는 밤
따뜻한 찻잔에서
향기가 온방을 가득 채웁니다

겨울 그림자

외로운 겨울 산처럼
햇빛에 부는 바람도 외롭다

아직은 마른 나무 가지도
외롭다는 말을 건넨다

오후에 햇살에 비추는
내 그림자도 외롭다

나는 외투에서 아직도 손을
빼지 못하고 그림자를
벗 삼고 걷고 있다

누군가의 그림자를 끌고 나와
아주 짧은 순간 그림자와 서로
합쳐지고 이별한다

길가에 양지바른 난간에
올라앉은 게으른 살찐 고양이도
봄 햇살에 그림자놀이를 즐긴다

알 수 없는 이름을 나비라고 불러본다
대답 대신 경계하는 울음으로
야~옹

그렇게 내 안의 쓸쓸함의 무게를
고양이와 영혼 없는 사랑놀이로 즐긴다

그렇게 한나절 걷는 동안
내 그림자도 내 안으로
다시 스며들면서 하루를 보냈다

겨울에 내리는 비

겨울에 내리는 비는 겨울비
겨울에 피어있는 꽃은 겨울 장미

비 오는 밤 저 언덕배기에
작은 예배당 십자가에 빨간불이 켜진다

누군가의 간절한 기도이거나
아니면 겨울 장미의 외로움일 수 있다

겨울비를 맞은 붉은 장미가
외로움으로 울먹이는 듯 눈물을 떨군다

앙상한 가지에 달랑달랑 매달린
나뭇잎들이 축 처진 채로 떨어진다

영원히 헤어지지 않을 것처럼
버티고 매달리던 너는
마지막 인사도 없이

세상 어디에도 없는 작별로
도랑물에 익사하는 밤이구나

군불

오늘은 많이 춥다
여름내 꽃을 따던 나
엄동설한을 어떻게 보낼까
걱정이 많다

잠시 유년시절 고향 집으로
시간 여행을 떠나본다

소죽 끓이던 시커먼 가마솥에서
김이 펑펑 날 때쯤 군불아궁이에서
탁탁거리면서 솔가지 타는 소리가
아궁이 밖으로 혀를 날름거리는 저녁

외양간에서 늙은 암소가 여물 냄새에
혓바닥을 날름거리며 움 메에

나는 따뜻한 아랫목 이불 속으로
파고들었다

요즘 같았으면 그대로
잠자며 가고 싶다는 생각을 했을 것이다

얼마나 피곤했는지 골아 떨어진 나를
어머니는 저녁상을 차려놓고
한참을 부르고 찾아다니셨다
오늘이 바로 그때
그 시절로 가고 싶은 날이다

한 해를 보내며

새날이 시작되는 듯하더니
어느덧
한해의 시간은 흘렀다

조금 남은 젊음도
한 뼘은 도둑맞은 기분이 든다

아쉬움과 시원섭섭함이
교차하는 순간이기도 하다

나는 과연 무엇을 하고 살았나
내 삶은 가치 있는 삶을 살았나
생각하게 하는 시간이 되었다

추억 속 친구들은 속속 소식 없이
주소 없는 그곳으로 훌쩍 떠나고
흔들리는 아련한 그리움 너머에는
황혼이 깃들어 그 빛이 내게도 물든다

아 혼자 왔던 길이건만 살다 보니
어차피 어우렁더우렁
같이 갈 줄 알았는데
홀로 가는 나그네 되었더라

그래 이제라도
남은 벗이 불러주면
주저 말고 냉큼 다가가서
따신 말 전하고

토닥토닥하고 살다 보면
나름대로 텅 빈 것 같은 것도
꽉 찬 것 같을걸세

또 한 살을 먹고 보니
철이 드는지 생각이 많아지는구나

하얀 발자국

내 영혼을 찾아가듯
나는 겨울 강으로 걸어갔다

차가운 강바람은
내 볼을 스치고
내 눈물도 훔친다

그동안 미루고 외면했던
하얀 그리움을 다시 꺼내
겨울 강물에 띄우는 순간
강물이 흐르는 소리에
어머님의 목소리도 들린다

아마도 우리 어머니는
지금 주소 없는 하얀 길을
걷고 있다

강기슭 언덕 밑은 아직도
하얀 눈이 쌓여있다

아무도 지나간 흔적 없는 길을
나는 어머니 발자국을 따라 걸었다

그렇게 걷던 눈길을
지금도 어머님은 내 발이 젖을세라
항상 앞서 걸으시면서
발자국을 만드셨다

나는 그 발자국을 밟으며
하얀 그리움을 찾아서
지금도 걷고 있다

장 담그는 날

강물이 얼었다 녹았다
겨울 얼음 놀이를 하는 동안
물결이 흘러가는 것을 보았다

내 마음도 출렁이는 것을
지나가던 햇살의 눈빛에 들켰다

물결의 무늬가 반짝이는 강물은
추운 날을 진정시켜 엄동설한도
온화하고 따뜻하게 느껴진다

오늘은 봄기운이 강물 속으로
성큼 다가왔다는 걸 느낀다
그 속에는 송사리도 놀고 있었다

나도 봄을 맞을 준비를 하느라
오래 묵은 소금을 맹물에 씻는 작업을 했다
곧 정월이 오면 장 담그는 작업을 준비함이다

이맘때면 어김없이 소금을 씻어 말린다
이럴 때면 주소 없는 하얀 세상에 가신
어머님도 소환하는 날이다

각자도생

설날 연휴도
오늘로 끝이다

사방천지
어디론가 훌쩍 떠나고픈

그런 충동을 억누르고
설날 연휴를 다 보내버렸다

후회란 비겁한 변명이고
아쉬움은 게으른 내 탓이 아닌가

아무것도 하지 않으면
천치 바보 같기도 하고

뭔가를 애써 하려고 하면
더 큰 욕심 같기도 하다

설날을 기다릴 땐
은근히 설렘도 있었지만

긴 설날 연휴 다 보내고 보니
마음 한구석이 횡한 느낌이다

갑진년 설날도
그저 그냥 보내고 말았다

이제 반갑게 만난
기쁨도 잠시 각자도생

이제 삶의 터전으로 가서
하는 일 하던 사업 하던 업무
해오던 일상으로 다시 돌아간다

모두가 건강 잘 지키고
안전하게 또 다른 내일을
살아가야 할 시간이 오고 있다

겨울은 가고 봄날이 오니까

제6부 **어머니의 밥상**/ 147

평범한 것/ 149
살다 보면/ 150
어머니의 밥상/ 152
님이 오시는 길/ 154
밤바다/ 155
장독/ 156
歸天하는 날/ 158
미소/ 160
詩를 쓴다는 것/ 161
하루하루/ 162
인생/ 164
카카오톡 모닝/ 166
모두에게 사랑받을 필요는 없다/ 167
어머니의 강/ 168
저녁노을/ 172

에필로그/ 174

평범한 것

평범한 것이 소중한 것입니다

오늘도 신명 나게 만들어가면
그것이 기쁨이고 축복이고
행복일 것입니다

돌아보면 죄다 눈물이 나도록
아름다운 날들이었습니다

살다 보면

안개에 갇힌 섬에서
배가 갈 길을 헤맬 때처럼
막막할 때가 있다

나는 너에게 가려고
상상의 지도를 그린다

하늘에 해도 별들도 보이지 않아
따올 수 없고 막막할 뿐이다

한참 후 하늘 저쪽에서
해가 떨어지는 소리가 들리고
배는 큰소리로 통통 발동이 걸린다

언뜻 보였던 슬픈 얼굴은 바로
해맑은 미소로 꽃을 피운다

나는 초조했던 생각으로
그림자의 고요함을 거두고
막막했던 생각도 모두 거두고

하늘의 구름도 잡아
물 위에 띄우고
행복한 항해를 즐긴다

어머니의 밥상

강된장 한 숟가락 넣어서
쓱쓱 비벼 먹는 걸 좋아한다

그 시절 수많은 사람은
그렇게 살았다
삘기도 한 줌 뽑아서
까먹기도 하고

찔레도 꺾어 먹고 참꽃과
아카시아꽃도 따 먹으면서
그렇게 살았다

그래도 울 어머니는
끼니때마다
아궁이에 불을 지피시고
무엇인가를 삶아 내셨다

저녁 두레반 상에는
갖가지 나물들을
푸짐하게 올리셨다

그래서 그런지 나는 지금도
그 맛을 찾는지도 모른다

나는 지지리 궁상맞게
가난한 집에서 자란 것 같다

그렇게 자라서 그런지
먹는 것이 소중한 것을 배웠다

님이 오시는 길

오늘 태양 빛이 찬란하여
그 빛에 빠져 죽어도
좋을 만큼 기분 좋은 날이다

그렇게 저녁에는 꽃이 피었다
파랑새가 포르릉 날자 이제
꽃잎은 울기 시작한다

울타리 작약꽃이 온통
붉게 물들인 것이 연등 행렬 같다

먼 앞산 사찰에서
목탁 소리가 들린다

아랫마을 어귀까지 연등을
달아 놓은 것이 작약꽃이
흐드러지게 핀 것 같다

사월 초파일은 님이 오시는 길
연등 밝히고 꽃길을 만든다

밤바다

바람을 가르며
구름도 지평선 너머로 밀려간다

나 당신과 바닷가를 가서
소곤대던 밤이 생각난다

모래밭에 나란히 누워
남 이야기하듯 좋아했었지

별들도 파도와 조약돌들도
우리 가슴에 얼굴을 묻고
함께 사랑할 때

우리를 지켜보던
바람과 구름도
속이 타서 질투했었지

오늘은
간월도 바닷가나 다녀오고 싶다

장독

질퍽하게 만들어낸
옹기 장인의 거친 손놀림으로

빚어낸 장작 불가마에서
구워낸 모양새 없는 투박한
질 항아리는 옹기가 된다

부잣집이나 가난한 집이나
빛이 잘 드는 양지바른 곳에
장독대 위에 잘 모셔진다

한자리에서 세월의 흐름 따라
비움과 채움의 역사를
다독거려 담음의 정성은
집안의 역사를 담는다

한해가 지나고 나면
비워지고
비워지면 채워주는
어머니의 손맛은 집안의
안 뫁의 역사로 남는다

歸天하는 날

나 사는 동안 사연도 참 많았다
나 사는 동안 고통도 참 많았다
나 사는 동안 슬픔도 참 많았다
나 사는 동안 아픔도 참 많았다
나 사는 동안 기쁜 일도 참 많았다

이렇게 살다가 내가 돌아가는 날
이런저런 것들 모두 버리고 갈 수 있게 하소서

아무것도 모르고 이 세상 태어나
어미 아비의 사랑받고 살다가
철들 무렵 낯선 이들 만나서부터
온갖 사연을 주고받으면서
당연한 것처럼 살았다

이제 나 다시 돌아간다면
아쉬움 없이 모두 두고 가게 하소서

아침 햇살이 늘어진 그림자가
한낮에 졸아드는 것처럼
모두 거두고 돌아가게 하시고
나 떠날 때 남겨둔 것에 아쉬움도
모두 놓고 갈 수 있게 하소서

돈도 재산도 안착같이 모으고
떠날 때 미련 두지 않게 하여
모두 쓰고 돕고 갈 수 있게 하소서

돈은 아무리 많아도 못 쓰면
내 돈이 아니듯 너무
궁상떨다 가지 않도록
베풀게 지혜를 주소서

나 떠날 때 고통 없이 잠자듯
세상 왔다 잘 놀다 간다고
후회 없이 떠날 수 있도록

자유롭게 떠나게 하소서

미소

네가 나에게 미소 지을 때
나는 미치도록 행복하더라
사람과 사람이 마주칠 때
눈빛을 제일 먼저 봅니다

정신없이 바쁜 일과중
방긋이 웃어주던
너의 모습이 떠오르면
나는 기쁜 마음으로 일을 한다

나도 너에게 항상 웃어주고
너도 나에게 언제나 미소를 짓게 하면
우리는 참 좋은 사이가 될 수 있는
아주 소중한 사람이란 걸 기억하자

詩를 쓴다는 것

꾸미지 않아야 아름다운 사람입니다
멋있는 것과 아름다운 것은
분명히 다릅니다

자연도 그대로 그 자리에 있을 때
그 모습은 아름답듯이

우리의 영혼도 꾸미고 덧칠하면
눈에 거스르듯
우리들의 마음 표현도 그런 것 같습니다

하루하루

하루를 사는 것도
죽어도 후회 없이 살자

근심 걱정하지 말며
감사 또 감사하자

힘들게 살지 말며
힘든 것마저
그것도 감사 하자

아등바등 억지로 살지 말며
즐거운 마음으로 웃자

억지로 살다 보면
재미있는 세상을 잊어버린다

지금 죽어도 후회 없이
행복했노라고 미련 없이 살자

매일 매일 살 수 있음은
얼마나 감사한 일인가

인생

혼자 달리기하여 1등을 한들
무슨 의미가 있을까

함께 달리기해 준 사람들이
있기에 의미가 있지

아무리 맛있는 음식도 혼자 먹는다 한들
무슨 맛이 있을까
함께 웃고 떠들며 먹으면
엔돌핀이 생겨 더 맛이 있지

많은 돈과 명예를 가지고
있는 들 무슨 소용이 있을까

무인도에서 혼자 살고 있다면
혼자 행복한들
무슨 소용이 있을까

함께 나누고 즐거워
해 줄 사람들이 없다면

치열한 경쟁 사회에서
혼자 살면 얼마나 좋을까
하는 생각을 하지만

혼자는 살 수가 없는 것이
사람이 아닐까 싶습니다

울며 부대끼고
이리저리 넘어지고
깨져도 원수처럼 사네
못 사네 해도

함께 살기에
살맛 나는 세상이 아닌가요

카카오톡 모닝

오늘 아침도 여지없이
당신의 글을 기다린 듯
카톡 창을 열어본다

누군가 그립다는 것일 것이다

매일 매일 문안 주시니
감사하오,
좋은 날 되소

더러는
겁나게
보고 싶다고

카톡

모두에게 사랑받을 필요는 없다

내가 존재해야 세상도 존재하며
누구도 나에게 상처 줄 권리는 없다

쓸데없는 비난은 무시하면 그만이고
완벽하다고 욕 안 먹는 것이 아니다

소모적인 의사 표현보다
담백한 의사 표현이 낫고
어떠한 문제도 나 혼자 잘못해서
벌어지지 않는다

자신을 사랑하는 사람이
남에게도 사랑받는다

인생은
나를 사랑해주는 사람들로
충분하다는 것

어머니의 강

누구를 위한 희생인가요

어머님
누구를 위한
삶이었습니까

내 마음 깊고
잔잔하던 평원에
오늘은 당신의 그림자가 드리워진
어머니의 강이 흐르고 있습니다

그렇게 사무쳐
다시 불러보는
어머니

내 마음 깊은 곳에 항상 자리하시어
나를 눈물 나게 하는
당신의 이름은 어머니입니다

누구를 위한 삶이었습니까

졸라맨 허리띠
한 번도 늦춰 보지 못하시고
살아오신 당신은
누구를 위해 사셨습니까

어머니,
그 곱던 손마디가
쇠갈퀴처럼 거칠어지신
당신의 그 모습은
누가 그렇게 만들었습니까

철이 없던 이놈이
배가 아파 투정할 때면
서걱이던 그 손으로
만져만 주셔도 낳았던
당신의 그 손은 약손입니다

어머니,
당신은 누구를 위한 삶이었기에
그리도 모진 고생 마다치 않고
웃음을 잃지 않고 그렇게 사셨습니까

이 못난 놈들
하나라도 더 먹이시기 위해
맛난 그것 앞에선
보시기만 하여도
배부르시다던 당신

당신은
지금도 배가 부르신 건가요

어머니,
오늘따라 당신은 왜 이리도
크시게만 느껴지는지요

어머님!
오늘따라
당신의 패인 삶의 주름은
심심산천 무주구천동만큼이나
깊게 패 보입니다

어머님!
당신은
누구를 위한 삶이었습니까

저녁노을

저녁노을 붉은 입술에
입 맞추고 돌아서 오는 길에
땅거미 내려앉은 그 밤
별들이 잔잔한 강물에 쏟아졌다

컴컴해진 자갈길을 걷는다
돌부리가 발에 차일 때
겁많은 돌멩이 한 놈을
세게 걷어찬다

강물은
조용히 하늘의 별을
모두 털어 담고 있을 때
텀벙하는 소리에 화들짝 놀란다

별들이
사방으로 흐트러진다
참 재미있다

으하하하핫

에필로그

내 인생에서 어머니?
모두 다입니다.

고향을 떠날 때도
중국 광저우에서도
서울에 있어도
아니 꿈속에서도
품고 살았습니다.

이 어머님께
두레연 열 돌을 맞아
이 시집을 바치고 싶습니다.

이젠
또 다른 시작을
새롭게 해보렵니다.

힘주소서!
감사드립니다.

2024년 5월,
공주를 다녀온 날 아침
시인 전 병 덕